Carnet de recettes Végétariennes

Adèle Hugot

ÉDITIONS STÉPHANE BACHÈS

Il faut manger des légumes ! "Cinq fruits et légumes par jour". Qui n'a pas entendu ces conseils ? Certes, ils sont excellents pour la santé mais bien souvent relégués au rang de simple accompagnement ou encore considérés comme des mets de régime. Les idées reçues sont coriaces mais, au fil des pages, les préjugés ne pourront que tomber. En effet, cet ouvrage a pour but de rendre hommage aux légumes et de démontrer qu'ils peuvent aussi rimer avec gourmandise.

Cuisiner les légumes ce n'est pas faire de simples recettes, c'est aussi respecter les saisons, l'environnement et être, à son échelle, un consommateur responsable. Enfin, tout cela ne doit pas rimer avec ennui mais avec plaisir !

Les diverses façons d'accommoder les végétaux sont infinies. Ils se marient si bien avec les épices qu'il serait dommage de ne pas partir au Maroc ou en Inde le temps d'un plat ! De même, quoi de mieux que des figues pour relever la saveur particulière d'un roquefort...

Entrer dans leur univers c'est partir faire un tour du monde où vous rencontrerez des saveurs inconnues, où vous retrouverez des saveurs oubliées ! Il y en aura pour tous les goûts... Cette alternative est simple, car réalisable avec des produits faciles à trouver, le fromage peut aisément remplacer la viande et sublimer le goût de certains légumes. "Cuisiner végétarien" ne vous empêche en rien de continuer à être carnivore, cela vous permet juste de cuisiner différemment et vous offre une alternative "plaisir" supplémentaire.

Adèle Hugot

Table des Recettes

Plats

Bakalva de tomates et feta 36

Boulgour en risotto, tomates et oignons nouveaux 42

Courgettes en tagliatelles, mascarpone et parmesan 47

Courgettes farcies à l'orientale 38

Couscous parfumé 39

Linguine aux légumes et à la crème de citron 12

Paëlla rouge 52

Petit salé végétarien 33

Pie brocoli-gorgonzola 20

Risotto de panais 46

Tagine de courge butternut 10

Tagine de légumes racines et dattes 44

Desserts

Abricots en croûte d'amande 43

Cheese-cake à la pistache et au citron vert 16

Clafouchic aux mirabelles, amandes et pistaches 54

Crêpes légères au lait d'amande... 28

Fondant amande et citron 27

Nuages aux clémentines 51

Pavlova de Noël 18

Tatin de nectarines à la cardamome 50

Thé-ramisu gourmand... 34

7

Recettes

Crèmes de roquefort aux figues

Pour 6 personnes :

- 50 cl de crème épaisse
- 2 gousses d'ail
- 5 jaunes d'œufs
- 25 g de sucre roux
- 200 g de roquefort
- 6 figues sèches
- 25 g de noisettes

Préchauffez le four à 150°C (Th. 5). Dans un saladier, mélangez à l'aide d'un fouet les jaunes d'œufs et le sucre. Le mélange doit être blanc et mousseux. Ajoutez ensuite la crème, le roquefort émietté, l'ail haché et mélangez-bien. Assaisonnez de sel et de poivre. Répartissez les figues dans six ramequins. Disposez-les dans un plat allant au four et ajoutez de l'eau chaude au fond pour obtenir un bain-marie. Versez la crème au roquefort dans chacun des ramequins et mettez le plat au four environ trente minutes. Faites revenir les noisettes dans une poêle, quand elles sont bien dorées, concassez-les grossièrement. Une fois les crèmes cuites, parsemez-les de noisettes concassées et servez tiède.

Tagine
de courge butternut

Pour 4 personnes :

- 1 courge butternut
- 1 oignon
- 2 gousses d'ail
- 2 cuillères à café de ras-el-hanout
- 2 cuillères à café de graines de coriandre
- 2 cuillères à café de graines de cumin
- 2 cuillères à soupe d'huile d'olive
- 400 g de pulpe de tomates
- 1 cuillère à soupe de miel liquide
- 50 cl d'eau
- 1/2 bouquet de coriandre
- 50 g d'amandes émondées

Coupez la courge en deux. A l'aide d'une cuillère, ôtez les graines qui se trouvent au centre. Découpez-la ensuite en cube de deux centimètres environ. Épluchez l'ail et l'oignon et émincez-les finement. Versez de l'huile d'olive dans une cocotte et faites-la chauffer à feu moyen. Faites revenir l'oignon, l'ail ainsi que les épices deux minutes environ. Ajoutez ensuite la pulpe de tomates, le miel, l'eau et portez le tout à ébullition. Quand le mélange bout, ajoutez les dés de courge et salez. Mélangez, couvrez et laissez mijoter trente minutes à feu moyen. Si, pendant la cuisson, la courge attache, baissez le feu et rajoutez un peu d'eau. Au moment de servir, parsemez d'amandes et de coriandre ciselée.

Linguine aux légumes et à la crème de citron

Prélevez les zestes des citrons. Portez à ébullition une grande casserole remplie d'eau. Dans une petite casserole, mettez les zestes et la crème, portez le tout à ébullition puis laissez cuire à feu doux trois minutes. Assaisonnez de sel et de poivre. Coupez les asperges en trois. Plongez les asperges, les petits pois et les linguines dans l'eau bouillante et faites cuire le tout trois minutes. Egouttez en prenant soin de conserver l'équivalent d'un verre d'eau de cuisson. Placez dans la casserole la crème au citron, le mascarpone, le jus de cuisson ainsi que le parmesan et faites réchauffer la sauce quelques minutes. Ajoutez les pâtes et les légumes, mélangez, répartissez le basilic frais ciselé et servez chaud.

Pour 4 personnes :

- 30 cl de crème fleurette
- 1 botte d'asperges vertes
- 150 g de petits pois écossés
- 2 citrons
- 400 g de linguine (fraîches)
- 80 g de parmesan râpé
- 4 cuillères à soupe de mascarpone
- 1 bouquet de basilic

Pois chiches,
courgettes grillées et fromage de chèvre en salade tiède

Lavez les courgettes et coupez-les en lanières à l'aide d'un économe. Lavez les tomates, ôtez le pédoncule et les pépins puis coupez-les en petits dés. À l'aide d'un zesteur, prélevez le zeste du citron. Pressez le fruit et réservez le jus. Faites chauffer une grande poêle avec l'huile d'olive. Quand l'huile fume, ajoutez les lanières de courgettes et une pincée de sel, remuez et laissez cuire trois minutes. Ajoutez les pois chiches et laissez cuire deux minutes environ. Retirez la poêle du feu et ajoutez les dés de tomates, le chèvre émietté, le zeste et le jus du citron. Parsemez de menthe ciselée, d'une pincée de piment d'Espelette, et servez immédiatement car cette salade se déguste tiède.

Tartines d'aubergine à la tomate concassée

Faites griller les tranches de pain et frottez-les avec la gousse d'ail coupée en deux puis réservez. Lavez les aubergines et coupez-les en tranches fines dans le sens de la longueur. Lavez les tomates, ôtez le pédoncule et les pépins, coupez-les en petits dés. Faites chauffer une poêle à feu vif et faites y griller les aubergines sans matière grasse, en les salant légèrement. Déchirez à la main les boules de mozzarella. Sur chaque tartine disposez des tranches d'aubergine, de la tomate concassée, de la mozzarella. Versez un trait d'huile d'olive, assaisonnez, parsemez de basilic, et servez immédiatement.

Pour 4 personnes :
- 4 tranches de pain type Poilâne
- 2 aubergines
- 4 tomates
- 1 gousse d'ail
- 2 boules de mozzarella "di Buffala"
- 2 cuillères à soupe de basilic ciselé
- Huile d'olive

14

Cheese-cake
à la pistache
et au citron vert

<u>Pour 6 personnes :</u>

- 250 g de petits gâteaux type spéculoos
- 125 g de beurre
- 3 feuilles de gélatine
- 2 œufs
- 1 cuillère à soupe de pâte de pistache

- 1 citron vert
- 450 g de fromage frais (type St-Moret ou fromage à tartiner)
- 20 cl de crème fraîche épaisse
- 2 cuillères à soupe de pistaches

Réduisez les gâteaux en miettes à l'aide d'un mixeur ou d'un rouleau à pâtisserie. Faites fondre le beurre et mélangez-le aux miettes de gâteaux. Tapissez de ce mélange un moule à fond amovible, faites remonter la pâte un peu sur les bords et tassez à l'aide du dos de la cuillère. Réservez au frais. Trempez la gélatine dans l'eau froide. Battez les blancs d'œufs en neige. Dans une casserole, chauffez le jus du citron vert ajoutez la gélatine bien essorée, et remuez jusqu'à ce qu'elle soit dissoute.

Dans un saladier, mélangez les jaunes et le fromage frais
(le mélange doit être souple), ajoutez ensuite la crème.
Versez cette préparation dans la casserole, ajoutez la
pâte de pistache et mélangez à nouveau. Incorporez
délicatement les blancs battus et versez ce mélange dans
le moule. Mettez au frais au moins une demi-journée.
Saupoudrez de pistaches avant de déguster froid.

Brocoli en taboulé

Pour 4 personnes :
- 1 tête de brocoli
- 1/2 jus de citron
- 4 cuillères à soupe de pignons de pin
- Huile d'olive

Lavez le brocoli, enlevez les tiges et ne gardez que
les bouquets. Mixez-les quelques secondes au mixer
(touche "pulse") de façon à obtenir une semoule pas
trop fine. Mettez celle-ci dans un saladier, ajoutez
le citron, salez et mélangez. Ajoutez les pignons et
un peu d'huile d'olive. Réservez au frais avant de
servir.

Pavlova de Noël

Pour 6 personnes :

- 3 blancs d'œufs
- 180 g de sucre en poudre
- 1 pincée de sel
- 1 cuillère à soupe de maïzena
- 1 cuillère à café de jus de citron
- 3 cuillère à soupe de sucre glace
- 30 cl de crème fleurette
- 250 g de brisures de marrons glacés
- 80 g de chocolat au lait

Préchauffez le four à 110 °C (Th. 4). Dans un saladier, battez les blancs en neige avec une pincée de sel. Ajoutez le citron et mélangez à nouveau. Quand ils sont fermes, ajoutez le sucre en poudre et la maïzena, mélangez à nouveau. Posez une feuille de papier sulfurisé sur une plaque de four et étalez les blancs en neige de manière à former un disque un peu épais. Faites cuire la meringue pendant une heure. Montez la crème liquide en chantilly à l'aide d'un batteur ou d'un robot pâtissier. Fouettez la crème, quand elle commence à monter ajoutez le sucre glace et fouettez-la encore, elle doit être ferme. Avec un économe râpez des copeaux de chocolat. Quand la

meringue est cuite et refroidie, étalez la crème fouettée,
parsemez de brisures de marrons glacés et des copeaux
de chocolat. Servez sans attendre.

Gaspacho de pastèque

Pour 6 personnes :
- 1/2 pastèque
- 400 g de chair de tomate
- 1 gousse d'ail
- 1 cuillère à café de tabasco
- 1/2 bouquet de basilic
- 5 cl d'huile d'olive

Pelez et épépinez la pastèque. Coupez-la en gros dés
et mettez-la dans le bol du robot avec les tomates,
l'ail, le tabasco et le basilic. Mixez finement, puis
ajoutez l'huile d'olive en filet, salez et poivrez. Mettez
au réfrigérateur au moins deux heures avant de
déguster.

Pie brocoli-gorgonzola

Pour 6 personnes :

- 500 g de pâte feuilletée
- 2 brocolis
- 25 g de beurre
- 150 g de crème fleurette
- 250 g de gorgonzola
- 1 œuf battu

Préchauffez le four à 200 °C (Th. 7). Séparez la pâte feuilletée en deux parts égales. Abaissez chaque pâte obtenue de façon à former deux cercles. Garnissez le fond d'un moule un peu haut avec l'un d'eux et découpez la pâte qui dépasse. Placez le moule contenant la pâte au congélateur ainsi que le disque de pâte restant pendant cinq minutes. Sortez le moule disposez sur la pâte une feuille de papier sulfurisé que vous lesterez avec des noyaux séchés ou des billes de céramique. Faites cuire la pâte à blanc quinze minutes, elle doit être bien dorée. Détaillez les brocoli afin d'obtenir de petits bouquets et plongez-les cinq minutes dans une grande casserole d'eau bouillante avant de les égoutter. Dans une grande poêle, faites fondre le beurre à feu doux, ajoutez ensuite les brocoli et faites-les revenir cinq minutes. Incorporez la crème et faites revenir le tout afin d'obtenir un mélange fondant. Salez et retirez du feu. Garnissez le moule du mélange crème/brocolis et parsemez de gorgonzola. Recouvrez avec l'autre morceau de pâte en veillant à ce qu'elle rentre dans le moule afin de le fermer hermétiquement. A l'aide de la pointe d'un couteau, faire un petit trou au milieu de la pie. Badigeonnez-la avec de l'œuf battu et enfournez trente minutes.

Courgettes râpées, vinaigrette de chèvre frais et menthe

Pour 4 personnes :

- 2 courgettes bien fermes
- 2 cuillères à soupe d'huile d'olive
- 2 cuillères à café de vinaigre balsamique blanc
- 1 cuillère à café de curry (ou piment d'Espelette)
- 2 cuillères à soupe de chèvre frais
- 4 cuillères à soupe de menthe ciselée

Épluchez les courgettes avec un économe, râpez-les ensuite grossièrement. Placez-les sur du papier absorbant afin d'enlever l'eau, le papier doit être humide. Dans un saladier, versez le vinaigre, l'huile, le curry, le chèvre, du sel et du poivre. Mélangez bien et ajoutez la menthe. Incorporez les courgettes râpées et servez bien frais.

Fenouil caramélisé et fromage frais

Pour 4 personnes :

- 4 bulbes de fenouils
- 50 g de beurre
- 1 cuillère à soupe d'huile d'olive
- 1 cuillère à soupe de sauce soja
- 1 cuillère à café de miel liquide
- 1 cuillère à café de graines de coriandre
- 150 g de chèvre frais

Lavez les fenouils et détaillez-les en lamelles d'environ un centimètre d'épaisseur. Dans une grande poêle, faites chauffer, à feu moyen, la moitié du beurre et l'huile d'olive. Incorporez les lamelles de fenouils et faites-les cuire à feu vif trois minutes. Retournez-les et faites cuire l'autre face trois minutes également. Enlevez les fenouils de la poêle et posez-les sur une assiette. Dans la poêle, faites chauffer les graines de coriandre. Quand elles exhalent leur parfum, ajoutez la sauce soja et le miel, baissez le feu. Remettez les lamelles de fenouil dans la poêle ainsi que le reste du beurre. Faites cuire les fenouils une minute de chaque côté. Disposez-les sur un plat, parsemez de chèvre frais, salez, poivrez et servez aussitôt.

Blinis de carottes

Pour 4 personnes :
- 150 g de carottes
- 1 oignon
- 2 cuillères à café de graines de cumin
- 2 cuillères à soupe de coriandre
- 50 g de semoule fine
- 1 cuillère à café de levure chimique
- 100 de farine de pois chiche
- 20 cl d'eau
- 1 filet d'huile d'olive

Epluchez les carottes et l'oignon et râpez-les le plus finement possible. Mettez tous les ingrédients dans un saladier, assaisonnez et mélangez vigoureusement le tout afin d'obtenir un mélange aussi homogène que possible. Faites chauffer une poêle à feu vif et ajouter-y l'huile d'olive. Quand l'huile fume, formez une boule avec un quart de la pâte, aplatissez-la légèrement afin de former un blinis et faites chauffer. Répétez l'opération trois fois (si la poêle est grande, il est possible de faire les quatre blinis en même temps). Servez chaud.

Fondant amande et citron

Pour 6 personnes :
- 200 g d'amandes en poudre
- 200 g de sucre
- 100 g de beurre fondu
- 4 œufs
- 1 citron

Préchauffez le four à 200 °C (Th. 7). Prélevez les zestes du citron et pressez-le afin d'en extraire le jus. Mettez les œufs et le sucre dans un saladier, fouettez afin d'obtenir un mélange blanc et mousseux. Ajoutez ensuite le beurre fondu, puis les amandes en poudre. Mélangez à nouveau avant d'incorporez le jus de citron et les zestes. Remuez une dernière fois afin de les mélanger à la préparation. Versez le tout dans un moule à gâteau (en silicone, sinon pensez à beurrer et fariner votre moule) et enfournez pendant vingt minutes.

Crêpes légères
au lait d'amande
et à la fleur d'oranger

Pour 6 personnes :

- 250 g de farine
- 5 gros œufs
- 50 cl de lait d'amande
- 100 g de sucre
- 2 sachets de sucre vanillé
- 2 cuillères à soupe d'huile
- 1 cuillère à café d'eau de fleurs d'oranger

Mettez les ingrédients dans un grand saladier dans l'ordre suivant : farine, une pincée de sel, sucre, sucre vanillée et huile. Ajoutez un à un les œufs entiers en mélangeant bien à chaque fois pour éviter les grumeaux. Versez la moitié du lait d'amande et mélangez à nouveau. Versez le reste du lait, l'eau de fleurs d'oranger et mélangez une dernière fois. La pâte est prête, il est préférable de la laisser reposer au moins quelques heures avant de faire cuire les crêpes.

Taboulé au quinoa

Pour 6 personnes :
- 400 g de quinoa
- 4 tomates
- 2 oignons rouges
- 150 g de fèves écossées
- 1 bouquet de menthe fraîche
- 3 cuillères à soupe d'huile d'olive
- 1 cuillère à café de piment doux

Faites cuire le quinoa en suivant les indications notées sur l'emballage. Faites bouillir de l'eau dans une casserole et plongez-y les fèves trois minutes, égouttez-les. Ôtez le pédoncule des tomates, épépinez-les et découpez-les en petits dés. Épluchez et ciselez très finement les oignons, ciselez également la menthe. Une fois le quinoa cuit et refroidi (il peut être tiède mais pas chaud), mettez-le dans un saladier et ajoutez les dés de tomate, l'oignon, les fèves, la menthe fraîche, l'huile d'olive, le piment et du sel. Mélangez bien afin que tous les éléments s'incorporent les uns aux autres, servez immédiatement ce taboulé ou réservez-le au réfrigérateur.

Cake d'Halloween

Pour 6 personnes :

- 300 g de potimarron
- 100 g de farine
- 1 gros oignon rouge
- 150 g de cheddar
- 3 œufs
- 1 sachet de levure chimique
- 60 g de beurre mou
- 1 filet d'huile d'olive

Emincez l'oignon, râpez le fromage, réservez. Préchauffez le four à 200 °C (Th. 7). Coupez la chair du potimarron en cubes (à peu près de même taille pour permettre une cuisson homogène) et cuisez-les vingt minutes dans une casserole d'eau bouillante. Egouttez le potimarron et réduisez-le en purée en utilisant un mixeur, une fourchette ou un presse-purée. Dans une poêle, versez le filet d'huile d'olive et faites revenir l'oignon émincé dix minutes à feu moyen. Dans un saladier, mélangez le beurre et les œufs battus, puis ajouter la farine, la levure, la purée de potimarron, les oignons et le cheddar râpé. Salez, poivrez et mélangez afin d'obtenir une pâte homogène. Versez la pâte dans un moule à cake et enfournez pour trente-cinq minutes.

Poivrons marinés au gingembre

Pour 4 personnes :
- 6 poivrons rouges
- 2 gousses d'ail
- 2 cm de gingembre frais
- 4 cuillères à soupe d'huile d'olive
- 1 cuillère à café de fleur de sel

Préchauffez le gril du four. Lavez les poivrons, essuyez-les et déposez-les sur une plaque de four recouverte de papier d'aluminium. Placez la plaque au four et laissez cuire les poivrons pendant trente minutes en les retournant de temps en temps afin qu'ils soient cuits de façon homogène. Une fois cuits, placez-les dans un plat et laissez-les refroidir. Épluchez l'ail et écrasez-le dans un saladier à l'aide d'un presse-ail. Procédez de même avec le gingembre. Salez, ajoutez l'huile d'olive et mélangez le tout. Épluchez ensuite les poivrons et enlevez la queue ainsi que les pépins. Taillez-les en fines lanières que vous ajouterez à la marinade. Couvrez avec du film alimentaire et laissez reposer au moins une heure au frais avant de servir. Ces poivrons se dégustent en salade ou sur une belle tranche de pain de campagne grillée.

Petit salé végétarien

Pour 6 personnes :

- 500 g de petites lentilles vertes du Puy
- 250 g de tofu fumé
- 1 bouquet garni
- 2 oignons
- 3 carottes
- 1 cuillère à soupe de curry
- 1 cuillère à soupe de crème liquide
- 25 g de beurre

Épluchez les carottes et découpez-les en tronçons, épluchez et émincez les oignons. Dans une grande casserole, faites fondre le beurre à feu doux, ajoutez les carottes et les oignons, salez et faites revenir le tout quelques minutes. Ajoutez les lentilles, le curry et recouvrez le tout d'eau froide, plongez le bouquet garni. Portez à ébullition et couvrez, laissez cuire les lentilles une trentaine de minutes. Ajoutez alors la crème et le tofu coupé en dés, faites cuire le tout cinq minutes, salez et servez.

Thé-ramisu gourmand

aux madeleines et aux framboises

Pour 6 personnes :

- 3 œufs
- 50 g de sucre semoule
- 1 sachet de sucre vanillé
- 250 g de mascarpone
- 24 madeleines longues
- 50 cl de thé aux fruits rouges
- 100 g de chocolat blanc
- 300 g de framboises fraîches

Dans un saladier, fouettez vivement les jaunes d'œufs, le sucre semoule et le sucre vanillé jusqu'à obtention d'un mélange pâle et mousseux. Ajoutez le mascarpone et mélangez à nouveau pour obtenir une sorte de crème. Montez les blancs en neige et incorporez-les délicatement à la spatule, il s'agit de ne pas les "casser". Disposez le thé dans une assiette creuse et imbibez légèrement les madeleines, elles ne doivent pas être détrempées. Tapissez le fond d'un plat à bord haut avec les madeleines. Recouvrez d'une couche de crème, de chocolat blanc râpé et de framboises. Alternez madeleines, crème, chocolat et framboises en terminant par une couche de crème.

Saupoudrez de chocolat blanc. Mettez le plat recouvert d'un film alimentaire au réfrigérateur, quatre heures minimum avant de le déguster.

Houmous de carottes

Pour 4 personnes :
- 200 g de carottes
- 4 cuillères à soupe d'huile d'olive
- 200 g de pois chiches en bocal
- 1 gousse d'ail
- 2 cuillères à soupe de tahiné (crème de sésame)
- 1 cuillère à soupe de jus de citron

Pelez les carottes et coupez-les en rondelles. Disposez-les dans une casserole avec un peu d'eau et laissez-les cuire une quinzaine de minutes, elles doivent être tendres. Une fois cuites, mettez-les dans le bol d'un blender ou d'un robot. Ajoutez les pois chiches, la gousse d'ail, l'huile d'olive, le tahiné et le jus de citron. Mixez le tout, goûtez et salez si nécessaire.

Bakalva de tomates et feta

- 10 cl d'huile d'olive
- 5 oignons rouges
- 2 gousses d'ail
- 2 cuillères à café de cannelle
- 8 tomates
- 3 cuillères à soupe de concentré de tomates

- 10 feuilles de pâte filo
- 150 g de beurre fondu
- 60 g de poudre d'amande
- 100 g de dattes
- 250 g de feta
- 6 cuillères à café de miel liquide

Préchauffez le four à 180 °C (Th. 6). Lavez les tomates, ôtez le pédoncule et coupez-les en petits dés. Épluchez et émincez finement les oignons et l'ail, émiettez la feta, hachez les dattes. Prenez un faitout, versez l'huile d'olive et faites-la chauffer à feu doux. Ajoutez les oignons, l'ail, la cannelle et le miel. Faites chauffer ce mélange une dizaine de minutes, il doit légèrement caraméliser. Ajoutez ensuite les dés de tomates et le concentré. Si l'ensemble est très compact n'hésitez pas à ajouter un peu d'eau. Laissez

cuire cinq minutes. Prenez un plat allant au four
ou un grand moule carré, badigeonnez le fond de
beurre fondu à l'aide d'un pinceau. Chemisez d'une
feuille de pâte filo, badigeonnez à nouveau de beurre,
renouvelez l'opération avec trois feuilles. Versez
ensuite la moitié du mélange tomates / oignons sur
ces feuilles. Parsemez de la moitié de dattes hachées,
de poudre d'amandes et de feta émiettée. Ajoutez à
nouveau trois feuilles de pâtes badigeonnées de beurre.
Verser l'autre moitié du mélange tomates / oignons et
le reste des amandes, des dattes et de la feta. Ajoutez
à nouveau trois feuilles de pâtes en suivant le même
principe. Laissez cuire une trentaine de minutes
environ.

Courgettes farcies à l'orientale

Pour 6 personnes :

- 1 oignon rouge
- 1 cuillère à soupe d'huile d'olive
- 120 g de riz sauvage
- 1/2 bouquet de persil plat
- 1/2 bouquet de menthe
- 2 cuillères à soupe de pignons de pin
- 1 cuillère à café de cannelle
- 100 g de feta
- 1 citron
- 6 petites courgettes rondes

Cuisez le riz comme indiqué sur l'emballage. Épluchez et ciselez finement l'oignon. Lavez et ciselez le persil et la menthe. Coupez le sommet des courgettes, évidez-les à l'aide d'une petite cuillère en prenant garde de ne pas les percer, hachez la chair ainsi prélevée. Dans une poêle, faites revenir l'oignon avec un peu de matière grasse jusqu'à ce qu'il soit translucide. Ajoutez le riz cuit, le jus du citron, les pignons de pin, les herbes ciselées, la chair de courgettes et la cannelle. Salez, mélangez et laissez cuire cinq minutes. Une fois que la préparation est cuite, retirez la poêle du feu, émiettez la feta et mélangez. Garnissez chaque courgette avec la farce et disposez-les dans une sauteuse. Versez un peu d'eau au fond de la sauteuse et mettez à cuire à feu doux et à couvert une vingtaine de minute en rajoutant un peu d'eau si nécessaire. Servez chaud.

Couscous parfumé

Pour 4 personnes :
- 350 g de semoule
- 50 g de beurre
- 35 cl d'eau
- 1 citron
- 6 dattes
- 1/2 bouquet de coriandre

Pressez le citron afin d'en extraire le jus. Hachez les dattes en petits morceaux et ciselez la coriandre. Faites bouillir l'eau. Dans un saladier, mettez la semoule, le jus de citron, le beurre et une pincée de sel. Versez ensuite l'eau bouillante et couvrez le saladier. Au bout de quelques minutes, la semoule est cuite. Mélangez le tout, ajoutez la coriandre ciselée et les dattes avant de servir chaud.

Boulgour en risotto, tomates grappes et oignons nouveaux

Pour 4 personnes :

- 750 cl de bouillon de légumes
- 3 petits oignons nouveaux avec la tige
- 1 dizaine de petites tomates grappes
- 250 g de boulgour
- 50 g de parmesan
- 1 filet d'huile d'olive

Dans une sauteuse faites revenir le boulgour dans un filet d'huile d'olive. Lorsque les grains sont translucides ajoutez le bouillon. Laissez cuire à feu moyen. Pendant ce temps, émincez les oignons ainsi que la tige et détaillez les tomates en quartiers. Quand le boulgour a absorbé tout le bouillon, ajoutez le parmesan râpé et remuez. Otez la casserole du feu, ajoutez les oignons et les tomates, remuez de nouveau. Servez très chaud.

Abricots
en croûte d'amande

Préchauffez le four à 180 °C (Th. 6). Faites fondre le beurre dans une petite casserole à feu très doux, attention, il ne doit pas cuire. Dans un saladier, battez au fouet le beurre fondu et le sucre afin d'obtenir une texture mousseuse. Ajoutez les œufs un à un, versez ensuite la farine et la poudre d'amande, mélangez délicatement. Lavez les abricots, coupez-les en deux et ôtez le noyau. Beurrez un plat à gratin et tapissez le fond d'abricots, côté peau sur le dessus. Versez la pâte sur les abricots et mettez le plat au four pendant trente minutes. Ce délicieux dessert se déguste tiède ou froid.

Pour 4 personnes :
- 8 abricots
- 140 g de beurre
- 140 g de sucre roux
- 160 g de farine
- 50 g de poudre d'amandes
- 4 œufs
- 1 noix de beurre pour le plat

Tagine de légumes racines et dattes

Pour 4 personnes :

- 3 panais
- 3 carottes
- 3 topinambours
- 1 gros oignon rouge
- 1 cuillère à soupe d'huile d'olive
- 1 cuillère à café de miel
- 1 cuillère à soupe de mélange d'épices pour tajine
- 1 grand verre de bouillon de poule
- 12 dattes

Emincez l'oignon rouge et six dattes, puis faites revenir le tout à feu doux dans une cocotte avec une cuillère d'huile d'olive jusqu'à ce que les oignons soient translucides. Epluchez les panais, carottes et topinambours (ces derniers sont plus faciles à éplucher à l'aide d'un couteau d'office) et taillez-les en fines rondelles ou bâtonnets. Ajoutez les légumes à l'oignon émincé et faites revenir le tout à feu moyen dix minutes environ. Ajoutez le reste des dattes entières. Incorporez ensuite les épices et mélangez bien le tout. Mouillez avec un verre de bouillon de poule, couvrez et laissez mijoter trois quarts d'heure à feu très doux (veillez de temps en temps à ce que la préparation n'attache pas, si c'est la cas rajoutez un peu de bouillon). Ajoutez enfin le miel, mélangez bien et laissez encore cuire dix minutes. Ce tagine est délicieux avec de la semoule ou du riz.

Risotto de panais

Pour 4 personnes :

- 200 g de riz arborio
- 50 cl de bouillon de poulet (en poudre 1 cuillère à café pour 10 cl)
- Huile d'olive
- 200 g de panais
- 100 g de beurre
- 10 cl crème liquide
- 25 g de parmesan râpé

Faites chauffer une grande poêle avec un peu d'huile d'olive. Ajoutez le riz dans l'huile et remuez trois minutes. Les graines doivent être translucides. Versez ensuite le bouillon de poulet sur le riz, louche après louche (versez une louche, attendez que le riz absorbe le bouillon, ajoutez une louche et ainsi de suite...). Il faut compter environ vingt-cinq minutes. Si vous n'avez plus de bouillon, versez un peu d'eau. Pendant ce temps lavez et coupez les panais en morceaux, faites fondre la moitié du beurre et faites revenir les panais cinq minutes dans une casserole. Versez la crème liquide et réduisez le feu. Continuez la cuisson jusqu'à ce que la crème soit bien évaporée et les panais fondants. Remuez bien et veillez à ce qu'ils n'attachent pas au fond de la casserole. Passez les panais au mixeur afin d'obtenir une purée. Incorporez ensuite la purée de panais au risotto. Ajoutez le beurre restant et le parmesan râpé. Vérifiez l'assaisonnement et mélangez.

Courgettes en tagliatelles
mascarpone et parmesan

Pour 4 personnes :
- 6 courgettes
- 50 g de parmesan râpé
- 4 cuillères à soupe de crème de mascarpone

Lavez les courgettes. A l'aide d'un économe, faites de longues bandes de courgette dans le sens de la longueur. Dans un saladier, mélangez le mascarpone et le parmesan, salez, poivrez et réservez. Mettez de l'eau à bouillir dans une casserole. Quand l'eau bout, faites cuire les courgettes deux minutes et égouttez-les immédiatement. Versez les tagliatelles de courgette dans le saladier, mélangez et dégustez tiède.

Velouté de fenouil

Pour 4 personnes :
- 4 bulbes de fenouil
- 30 cl de crème fraîche liquide
- 50 cl de bouillon de volaille
- 2 gousses d'ail
- 1 fromage de chèvre frais
- 2 cuillères à soupe d'huile d'olive

Lavez les fenouils et découpez-les finement (gardez le plumet pour la décoration). Dans une casserole, faites revenir quelques instants le fenouil, les gousses d'ail et l'huile d'olive. Salez et ajoutez le bouillon de volaille. Faites cuire à couvert une vingtaine de minutes. Ajoutez ensuite la crème ainsi que les deux tiers du chèvre et mixez le tout. Au moment de servir, poivrez, ajoutez les plumets de fenouil pour la décoration ainsi que le reste de fromage émietté.

Tatin de nectarines à la cardamome

Pour 6 personnes :
- 3 nectarines
- 120 g de beurre mou
- 120 g de sucre roux
- 2 œufs
- 150 g de farine avec levure incorporée
- 6 cl de lait demi-écrémé

Pour le caramel :
- 30 g de sucre
- 10 g de beurre
- 6 gousses de cardamome

Préchauffez le four à 180 °C (Th. 6). Pelez les nectarines, découpez-les en quartiers. Ôtez les graines de cardamome de leurs gousses.

Préparez le caramel : versez le sucre dans une casserole et ajoutez une cuillère à soupe d'eau. Faites cuire à feu doux et continuez la cuisson jusqu'à ce qu le mélange soit légèrement ambré. Ajoutez le beurre et les graines de cardamone. Tapissez le fond d'un moule avec le caramel obtenu. Disposez les quartiers de nectarines dans le moule de façon à former une rosace. Commencez par les bords extérieurs, c'est plu facile. Préparez la pâte : dans un saladier, mélangez le beurre et le sucre roux, ajoutez les œufs et fouettez.

Ajoutez ensuite la farine, le lait progressivement et fouettez encore.

Versez la pâte sur les nectarines et mettez le tout au four pendant trente minutes. Sortez le gâteau du four et attendez qu'il refroidisse avant de le démouler.

Nuages aux clémentines

Pour 6 personnes :
- 25 cl de crème fleurette
- 3 cuillères à soupe de sucre glace
- 3 clémentines
- 250 g de faisselle
- 6 cuillères à café de confiture d'orange

Épluchez les clémentines et détachez-en les quartiers. Battez la crème avec le sucre glace à l'aide d'un fouet ou d'un robot pâtissier et montez-la jusqu'à ce qu'elle soit ferme. Ajoutez la faisselle et battez à nouveau afin d'obtenir un mélange homogène. Dans six ramequins déposez une cuillère à café de confiture d'orange. Alternez ensuite crème et clémentines en deux fois. Placez les ramequins un quart d'heure au congélateur avant de déguster.

Paëlla rouge

Pour 4 personnes :

- 3 cuillères à soupe d'huile d'olive
- 1 oignon rouge
- 2 poivrons rouges
- 2 poivrons jaunes
- 1 bulbe de fenouil
- 3 gousses d'ail
- 1 cuillère à café de safran
- 1 cuillère à café de paprika
- 300 g de riz à paëlla
- 1 l de bouillon de légumes
- 20 tomates cerise
- 20 olives noires
- 1 citron

Lavez les légumes. Épluchez et émincez l'oignon. Ôtez le pédoncule des poivrons, coupez-les en deux et enlevez les graines. Émincez-les le plus finement possible. Émincez également le fenouil en très fines lamelles. A l'aide de la paume de la main, écrasez les gousses d'ail. Coupez les tomates cerise en deux, coupez le citron en huit quartiers. Mettez l'huile d'olive dans une grande poêle, faites-la chauffer quelques instants à feu vif et ajoutez l'oignon émincé. Salez et faites revenir l'oignon cinq minutes. Ajoute les poivrons et le fenouil, laissez le tout cuire encore cinq minutes. Incorporez les gousses d'ail écrasées et remuez bien. Ajoutez le safran et le paprika, salez et remuez à nouveau. Mettez le riz dans la poêle et cuisez le tout deux minutes en remuant bien afin que le riz s'imprègne des épices et qu'il se colore. Ajoutez le bouillon de légumes, salez et laissez cuire à feu très doux une vingtaine de minutes sans couvrir ni mélanger. Incorporez ensuite les tomates, mélangez et salez si nécessaire. Poursuivez la cuisson pendant dix minutes. Ajoutez enfin le citron, les olives et servez très chaud.

Clafouchic aux mirabelles, amandes et pistaches

Pour 4 personnes :
- 400 g de mirabelles
- 20 cl de lait
- 1 grosse cuillère à soupe de poudre d'amandes
- 2 œufs
- 1 grosse cuillère à soupe de pistaches décortiquées
- 2 cuillères à soupe de cassonade

Lavez les mirabelles, dénoyautez-les, coupez-les en deux et disposez-les dans un plat allant au four. Préchauffez le four à 180 °C (Th. 6). Dans un bol, mélangez les œufs, le lait et la poudre d'amande. Recouvrez les fruits de ce mélange. Saupoudrez de pistaches et de cassonade. Enfournez pour vingt minutes. Dégustez ce clafouchic tiède ou froid.

Osez les variantes !

Ce n'est pas parce qu'un légume n'est pas de saison qu'il faut se priver de réaliser la recette, il suffit juste de le remplacer par un équivalent. Si la cuisine végétarienne ouvre de nouveaux horizons culinaires et permet de varier les plaisirs à l'infini, elle demande, en échange, une certaine connaissance des produits et des saisons. Ces dernières deviennent alors un élément ludique et la créativité est de mise !
Comment remplacer les légumes ? Comment varier les légumineuses ou les céréales ? C'est tout simple, il suffit de suivre le guide et de vous familiariser avec ces produits.

Les courges

Butternut, potiron, potimarron… Toutes ces courges ne se trouvent sur les étals qu'à partir de l'automne et y restent tout l'hiver. Bien que leur texture soit un peu différente, il est très facile de remplacer les courges dites d'hiver par des courgettes. L'aubergine, même si elle n'appartient pas à la même famille, peut aussi constituer une alternative intéressante.

Les céréales

Délicieuses et parfois surprenantes, elles peuvent
aussi bien être consommées en accompagnement
qu'en plat principal. Très présentes dans la cuisine
végétarienne, les céréales apportent à l'organisme des
protéines. Elles sont idéales associées à des légumes.
Il en existe une infinie variété. Les plus connues
sont, bien sûr, le blé et le riz. Néanmoins, avec le
retour de l'agriculture biologique, vous pouvez
désormais trouver des céréales "oubliées" comme
l'épeautre ou l'avoine. D'autres plantes ne sont pas
des céréales à proprement parler mais délicieuses,
elles sont à privilégier dans une alimentation saine et
gourmande comme le quinoa, plante d'Amérique du
Sud. Ce dernier peut être blanc, rouge ou noir. Quoi de
plus joli et de plus surprenant qu'un taboulé rouge !
Ce dernier, de plus en plus apprécié, se trouve même
en grandes surfaces. Le riz peut être remplacé par
du blé, de l'épeautre, de l'orge ou du quinoa. De
même, n'hésitez pas à vous orienter vers des riz
rouges, noirs ou complets, ils sont parfaits pour
accompagner un curry de légumes. C'est en variant
son alimentation que l'on tire tous les bienfaits

des produits. Achetez votre semoule complète ou substituez à cette dernière du boulghour, de la polenta ou encore du millet. N'hésitez pas à tester les pâtes complètes ou encore celles fabriquées avec du quinoa. L'épeautre ou le millet se marrie très bien avec les légumes d'automne comme le potiron ou encore les champignons.

Les tubercules

Très présents dans la cuisine végétarienne, les tubercules sont appréciés tant pour leur goût que pour leur texture.

Carottes, panais et patates douces sont facilement échangeables. Le panais étant un légume d'hiver par excellence, rien de plus facile au printemps que de le remplacer par des carottes nouvelles.

Pommes de terre et patates douces n'ont certes pas le même goût mais une texture très proche. Les patates douces peuvent rendre merveilleusement exotique la plus simple recette de pommes de terre.

Plus de radis ? Essayez les betteraves crues ! Leur couleur et leur goût pourront vous surprendre...

Les légumineuses

Les légumineuses sont une excellente source de
protéines végétales. Elles comprennent les fèves, les
nombreuses variétés de haricots aux couleurs diverses
(noirs, jaunes, marbrés, verts, blancs), les lentilles
(beluga, blondes, corail, vertes), les lentillons, les pois
(chiches et cassés) et le soja. Dès lors, à vous de jouer !
Remplacez les pois chiches par les cocos de Paimpol
quand ils font leur apparition sur les marchés ! Les
haricots de Soissons à la place des lentilles vertes, ça
vous tente ? Ne négligez pas non plus les fèves et les
petits pois frais au printemps ! Pour une envie de
partir en Amérique du Sud ce sera haricots rouges
ou haricots noirs…

Les épices et condiments

Pas de cuisine sans épices ! Les épices permettent de
colorer un plat, de renouveler sa saveur, de voyager
sans sortir de chez soi Ayez toujours du curry de
bonne qualité, de la sauce soja (un trait dans une
sauce de salade remplace le sel à merveille et relève

le tout), des épices orientales et une bonne moutarde.
Essayez les moutardes anglaises ou encore celles
contenant du wasabi... bref variez pour ne jamais
vous lasser.

Les fromages

De nombreuses recettes sont réalisées avec du fromage.
Chèvre frais, brousse, ricotta... à vous de choisir en
fonction de vos envies et de la saison. Leur texture
est proche ! De même, un petit chèvre sec de type
cabécou est parfait en remplacement de la féta si on
désire changer. Vous ne trouvez pas de cheddar, pas
de panique essayez une bonne mimolette, du comté
ou encore du beaufort ! La cuisine est en fait un
immense terrain de jeu ! C'est en vous amusant et
en parcourant des chemins nouveaux que vous vous
régalerez et aurez envie de recommencer...

Éditions Stéphane Bachès

15 bis, rue du chariot d'or - 69004 Lyon

www.editionsstephanebaches.com

Auteur : Adèle Hugot

Photographies : ©Éditions Stéphane Bachès

Impression : Korotan (UE)

Dépôt légal : Septembre 2014

ISBN : 978-2-36842-075-1